MW00947150

Gratitude Journal

FOR BUSY MOMS

Easily spend just 5 minutes a day and watch your daily gratitude increase

Copyright Rocket Studio Books. All rights reserved. No part of this publication may be reproduced, distributed or transmitted in any form or means, without prior written permission of the publisher, except in the case of brief quotations embodied in critical reviews and certain other noncommercial uses permitted by copyright law.

Instructions

Firstly, this is your Gratitude Journal, so you are free to use it any way you want. If you've never used a Gratitude Journal before, these instructions will help get you started, and after a week or two you'll soon see gratitude every day, without prompts, and hopefully your life will feel like it is overflowing with wellbeing.

Take five minutes a day to write down three things you are grateful for on that day.

It's easier to do this at the same time every day, in the evening just before bed is awesome as it will clear your mind and help you go you to beautiful, restful sleep.

You can do it first thing in the morning if you can remember three things from yesterday.

These three things can be anything, think of something someone did for you, like a tender smile from your child, and a moment of happiness in your hectic day like a great cup of coffee in solitude, and there is always something to be grateful for in nature, like a glorious sunset or shapes in the clouds.

For the first two weeks you can roughly stick to that formula, so something someone did for you, a moment of happiness and nature, you will soon find that you have more than three things to be grateful for every day!

In fact, you'll discover that your life is abdunant with joy. This feeling will make you a stronger and happier mother. You'll laugh more with your children and get them to join you in your journey of looking for the good things, rather than the bad.

If this happens to you please leave a comment where you purchased this journal so you can help other mom's discover more gratitude too.

It's not happiness that brings us gratitude. It's gratitude that brings us happiness.

I am thankful for...   Date: _____

1. _____

_____

2. _____

_____

3. _____

_____

I am thankful for...   Date: _____

1. _____

_____

2. _____

_____

3. _____

_____

I am thankful for...   Date: _____

1. _____

_____

2. _____

_____

3. _____

_____

I am thankful for...   Date: _____
1. _____
_____
2. _____
_____
3. _____
_____

I am thankful for...   Date: _____
1. _____
_____
2. _____
_____
3. _____
_____

I am thankful for...   Date: _____
1. _____
_____
2. _____
_____
3. _____
_____

I am thankful for...   Date: _____
1. _____
_____
2. _____
_____
3. _____
_____

The highlights of my week were:

Gratitude is not only the greatest of virtues, but the parent of all others.

- CICERO

I am thankful for...   Date: _____

1. _____

_____

2. _____

_____

3. _____

_____

I am thankful for...   Date: _____

1. _____

_____

2. _____

_____

3. _____

_____

I am thankful for...   Date: _____

1. _____

_____

2. _____

_____

3. _____

_____

I am thankful for...   Date: _____
1. _____
_____
2. _____
_____
3. _____
_____

I am thankful for...   Date: _____
1. _____
_____
2. _____
_____
3. _____
_____

I am thankful for...   Date: _____
1. _____
_____
2. _____
_____
3. _____
_____

I am thankful for...   Date: _____
1. _____
_____
2. _____
_____
3. _____
_____

The highlights of my week were:

I was complaining that I had no shoes till I met a man who had no feet.

- CONFUCIUS

I am thankful for...   Date: _____

1. _____

_____

2. _____

_____

3. _____

_____

I am thankful for...   Date: _____

1. _____

_____

2. _____

_____

3. _____

_____

I am thankful for...   Date: _____

1. _____

_____

2. _____

_____

3. _____

_____

I am thankful for...   Date: _____
1. _____

_____
2. _____

_____
3. _____

_____

I am thankful for...   Date: _____
1. _____

_____
2. _____

_____
3. _____

_____

I am thankful for...   Date: _____
1. _____

_____
2. _____

_____
3. _____

_____

I am thankful for...   Date: _____
1. _____

_____
2. _____

_____
3. _____

_____

The highlights of my week were:

Gratitude opens the door to the power, the wisdom, the creativity of the universe. - DEEPAK CHOPRA

I am thankful for...   Date: _____

1. _____

_____

2. _____

_____

3. _____

_____

I am thankful for...   Date: _____

1. _____

_____

2. _____

_____

3. _____

_____

I am thankful for...   Date: _____

1. _____

_____

2. _____

_____

3. _____

_____

I am thankful for...   Date: _____
1. _____
_____
2. _____
_____
3. _____
_____

I am thankful for...   Date: _____
1. _____
_____
2. _____
_____
3. _____
_____

I am thankful for...   Date: _____
1. _____
_____
2. _____
_____
3. _____
_____

I am thankful for...   Date: _____
1. _____
_____
2. _____
_____
3. _____
_____

The highlights of my week were:

Living in a state of gratitude is the gateway to grace.

- ARIANNA HUFFINGTON

I am thankful for...   Date: _____

1. _____

_____

2. _____

_____

3. _____

_____

I am thankful for...   Date: _____

1. _____

_____

2. _____

_____

3. _____

_____

I am thankful for...   Date: _____

1. _____

_____

2. _____

_____

3. _____

_____

I am thankful for...   Date: _____
1. _____

_____

2. _____

_____

3. _____

_____

I am thankful for...   Date: _____
1. _____

_____

2. _____

_____

3. _____

_____

I am thankful for...   Date: _____
1. _____

_____

2. _____

_____

3. _____

_____

I am thankful for...   Date: _____
1. _____

_____

2. _____

_____

3. _____

_____

The highlights of my week were:

Appreciation is a wonderful thing: it makes what is excellent in others belong to us as well. - VOLTAIRE

I am thankful for...   Date: _____

1. _____

_____

2. _____

_____

3. _____

_____

I am thankful for...   Date: _____

1. _____

_____

2. _____

_____

3. _____

_____

I am thankful for...   Date: _____

1. _____

_____

2. _____

_____

3. _____

_____

I am thankful for...   Date: _____
1. _____
_____
2. _____
_____
3. _____
_____

I am thankful for...   Date: _____
1. _____
_____
2. _____
_____
3. _____
_____

I am thankful for...   Date: _____
1. _____
_____
2. _____
_____
3. _____
_____

I am thankful for...   Date: _____
1. _____
_____
2. _____
_____
3. _____
_____

The highlights of my week were:

An atitude of gratitude brings great things.

- YOGI BHAJAN

I am thankful for...   Date: _____

1. _____

_____

2. _____

_____

3. _____

_____

I am thankful for...   Date: _____

1. _____

_____

2. _____

_____

3. _____

_____

I am thankful for...   Date: _____

1. _____

_____

2. _____

_____

3. _____

_____

I am thankful for...   Date: _____
1. _____
_____
2. _____
_____
3. _____
_____

I am thankful for...   Date: _____
1. _____
_____
2. _____
_____
3. _____
_____

I am thankful for...   Date: _____
1. _____
_____
2. _____
_____
3. _____
_____

I am thankful for...   Date: _____
1. _____
_____
2. _____
_____
3. _____
_____

The highlights of my week were:

It is not joy that makes us grateful, it is gratitude that makes us joyful.

- DAVID STEINDL-RAST

I am thankful for...   Date: _____

1. _____

_____

2. _____

_____

3. _____

_____

I am thankful for...   Date: _____

1. _____

_____

2. _____

_____

3. _____

_____

I am thankful for...   Date: _____

1. _____

_____

2. _____

_____

3. _____

_____

I am thankful for...   Date: _____
1. _____

_____
2. _____

_____
3. _____

_____

I am thankful for...   Date: _____
1. _____

_____
2. _____

_____
3. _____

_____

I am thankful for...   Date: _____
1. _____

_____
2. _____

_____
3. _____

_____

I am thankful for...   Date: _____
1. _____

_____
2. _____

_____
3. _____

_____

The highlights of my week were:

Gratitude and attitude are not challenges - they are choices.

- ROBERT BRAATHE

I am thankful for...   Date: _____

1. _____
_____

2. _____
_____

3. _____
_____

I am thankful for...   Date: _____

1. _____
_____

2. _____
_____

3. _____
_____

I am thankful for...   Date: _____

1. _____
_____

2. _____
_____

3. _____
_____

I am thankful for...   Date: _____
1. _____
_____
2. _____
_____
3. _____
_____

I am thankful for...   Date: _____
1. _____
_____
2. _____
_____
3. _____
_____

I am thankful for...   Date: _____
1. _____
_____
2. _____
_____
3. _____
_____

I am thankful for...   Date: _____
1. _____
_____
2. _____
_____
3. _____
_____

The highlights of my week were:

It is only with gratitude that life becomes rich.

- DIETRICH BONHEIFFER

I am thankful for...   Date: _____

1. _____
_____

2. _____
_____

3. _____
_____

I am thankful for...   Date: _____

1. _____
_____

2. _____
_____

3. _____
_____

I am thankful for...   Date: _____

1. _____
_____

2. _____
_____

3. _____
_____

I am thankful for...   Date: _____
1. _____
_____
2. _____
_____
3. _____
_____

I am thankful for...   Date: _____
1. _____
_____
2. _____
_____
3. _____
_____

I am thankful for...   Date: _____
1. _____
_____
2. _____
_____
3. _____
_____

I am thankful for...   Date: _____
1. _____
_____
2. _____
_____
3. _____
_____

The highlights of my week were:

We can choose to be grateful no matter what.

- DIETER F. UCHTDORF

I am thankful for...   Date: _____

1. _____

_____

2. _____

_____

3. _____

_____

I am thankful for...   Date: _____

1. _____

_____

2. _____

_____

3. _____

_____

I am thankful for...   Date: _____

1. _____

_____

2. _____

_____

3. _____

_____

I am thankful for...   Date: _____

1. _____

_____

2. _____

_____

3. _____

_____

I am thankful for...   Date: _____

1. _____

_____

2. _____

_____

3. _____

_____

I am thankful for...   Date: _____

1. _____

_____

2. _____

_____

3. _____

_____

I am thankful for...   Date: _____

1. _____

_____

2. _____

_____

3. _____

_____

The highlights of my week were:

Entitlement is such a cancer, because it is a void of gratitude.

- ADAM SMITH

I am thankful for...   Date: _____

1. _____

_____

2. _____

_____

3. _____

_____

I am thankful for...   Date: _____

1. _____

_____

2. _____

_____

3. _____

_____

I am thankful for...   Date: _____

1. _____

_____

2. _____

_____

3. _____

_____

I am thankful for...   Date: _____

1. _____

_____

2. _____

_____

3. _____

_____

I am thankful for...   Date: _____

1. _____

_____

2. _____

_____

3. _____

_____

I am thankful for...   Date: _____

1. _____

_____

2. _____

_____

3. _____

_____

I am thankful for...   Date: _____

1. _____

_____

2. _____

_____

3. _____

_____

The highlights of my week were:

If you want to find happiness, find gratitude.

- STEVE MARABOLI

I am thankful for...   Date: _____

1. _____

_____

2. _____

_____

3. _____

_____

I am thankful for...   Date: _____

1. _____

_____

2. _____

_____

3. _____

_____

I am thankful for...   Date: _____

1. _____

_____

2. _____

_____

3. _____

_____

I am thankful for...   Date: _____

1. _____

_____

2. _____

_____

3. _____

_____

I am thankful for...   Date: _____

1. _____

_____

2. _____

_____

3. _____

_____

I am thankful for...   Date: _____

1. _____

_____

2. _____

_____

3. _____

_____

I am thankful for...   Date: _____

1. _____

_____

2. _____

_____

3. _____

_____

The highlights of my week were:

Act with kindness, but do not expect gratitude.

- CONFUCIUS

I am thankful for...   Date: _____

1. _____

_____

2. _____

_____

3. _____

_____

I am thankful for...   Date: _____

1. _____

_____

2. _____

_____

3. _____

_____

I am thankful for...   Date: _____

1. _____

_____

2. _____

_____

3. _____

_____

I am thankful for...   Date: _____
1. _____
_____
2. _____
_____
3. _____
_____

I am thankful for...   Date: _____
1. _____
_____
2. _____
_____
3. _____
_____

I am thankful for...   Date: _____
1. _____
_____
2. _____
_____
3. _____
_____

I am thankful for...   Date: _____
1. _____
_____
2. _____
_____
3. _____
_____

The highlights of my week were:

Every blessing ignored becomes a curse.

- PAULO COELHO

I am thankful for...   Date: _____

1. _____
_____
2. _____
_____
3. _____
_____

I am thankful for...   Date: _____

1. _____
_____
2. _____
_____
3. _____
_____

I am thankful for...   Date: _____

1. _____
_____
2. _____
_____
3. _____
_____

I am thankful for...   Date: _____
1. _____
_____
2. _____
_____
3. _____
_____

I am thankful for...   Date: _____
1. _____
_____
2. _____
_____
3. _____
_____

I am thankful for...   Date: _____
1. _____
_____
2. _____
_____
3. _____
_____

I am thankful for...   Date: _____
1. _____
_____
2. _____
_____
3. _____
_____

The highlights of my week were:

Find the good and praise it.

- AEX HALEY

I am thankful for...   Date: _____

1. _____
   _____
2. _____
   _____
3. _____
   _____

I am thankful for...   Date: _____

1. _____
   _____
2. _____
   _____
3. _____
   _____

I am thankful for...   Date: _____

1. _____
   _____
2. _____
   _____
3. _____
   _____

I am thankful for...   Date: _____
1. _____
_____
2. _____
_____
3. _____
_____

I am thankful for...   Date: _____
1. _____
_____
2. _____
_____
3. _____
_____

I am thankful for...   Date: _____
1. _____
_____
2. _____
_____
3. _____
_____

I am thankful for...   Date: _____
1. _____
_____
2. _____
_____
3. _____
_____

The highlights of my week were:

Forget injuries, never forget kindness.

- CONFUCIUS

I am thankful for...   Date: _____

1. _____

_____

2. _____

_____

3. _____

_____

I am thankful for...   Date: _____

1. _____

_____

2. _____

_____

3. _____

_____

I am thankful for...   Date: _____

1. _____

_____

2. _____

_____

3. _____

_____

I am thankful for...   Date: _____

1. _____

_____

2. _____

_____

3. _____

_____

I am thankful for...   Date: _____

1. _____

_____

2. _____

_____

3. _____

_____

I am thankful for...   Date: _____

1. _____

_____

2. _____

_____

3. _____

_____

I am thankful for...   Date: _____

1. _____

_____

2. _____

_____

3. _____

_____

The highlights of my week were:

Gratitude changes everything.

- ANON

I am thankful for...   Date: _____

1. _____

_____

2. _____

_____

3. _____

_____

I am thankful for...   Date: _____

1. _____

_____

2. _____

_____

3. _____

_____

I am thankful for...   Date: _____

1. _____

_____

2. _____

_____

3. _____

_____

I am thankful for...   Date: _____
1. _____
   _____
2. _____
   _____
3. _____
   _____

I am thankful for...   Date: _____
1. _____
   _____
2. _____
   _____
3. _____
   _____

I am thankful for...   Date: _____
1. _____
   _____
2. _____
   _____
3. _____
   _____

I am thankful for...   Date: _____
1. _____
   _____
2. _____
   _____
3. _____
   _____

The highlights of my week were:

Gratitude is riches.
Complaint is poverty.

- DORIS DAY

I am thankful for...   Date: _____

1. _____

_____

2. _____

_____

3. _____

_____

I am thankful for...   Date: _____

1. _____

_____

2. _____

_____

3. _____

_____

I am thankful for...   Date: _____

1. _____

_____

2. _____

_____

3. _____

_____

I am thankful for...   Date: _____

1. _____

_____

2. _____

_____

3. _____

_____

I am thankful for...   Date: _____

1. _____

_____

2. _____

_____

3. _____

_____

I am thankful for...   Date: _____

1. _____

_____

2. _____

_____

3. _____

_____

I am thankful for...   Date: _____

1. _____

_____

2. _____

_____

3. _____

_____

The highlights of my week were:

Gratitude is the sign of noble souls.

- AESOP

I am thankful for...   Date: _____

1. _____

_____

2. _____

_____

3. _____

_____

I am thankful for...   Date: _____

1. _____

_____

2. _____

_____

3. _____

_____

I am thankful for...   Date: _____

1. _____

_____

2. _____

_____

3. _____

_____

I am thankful for...   Date: _____
1. _____
_____
2. _____
_____
3. _____
_____

I am thankful for...   Date: _____
1. _____
_____
2. _____
_____
3. _____
_____

I am thankful for...   Date: _____
1. _____
_____
2. _____
_____
3. _____
_____

I am thankful for...   Date: _____
1. _____
_____
2. _____
_____
3. _____
_____

The highlights of my week were:

Gratitude turns what we have into enough.

- AESOP

I am thankful for...   Date: _____

1. _____

_____

2. _____

_____

3. _____

_____

I am thankful for...   Date: _____

1. _____

_____

2. _____

_____

3. _____

_____

I am thankful for...   Date: _____

1. _____

_____

2. _____

_____

3. _____

_____

I am thankful for...   Date: _____

1. _____
_____

2. _____
_____

3. _____
_____

I am thankful for...   Date: _____

1. _____
_____

2. _____
_____

3. _____
_____

I am thankful for...   Date: _____

1. _____
_____

2. _____
_____

3. _____
_____

I am thankful for...   Date: _____

1. _____
_____

2. _____
_____

3. _____
_____

The highlights of my week were:

Happiness is itself a kind of gratitude.

- ANON

I am thankful for...   Date: _____

1. _____
   _____

2. _____
   _____

3. _____
   _____

I am thankful for...   Date: _____

1. _____
   _____

2. _____
   _____

3. _____
   _____

I am thankful for...   Date: _____

1. _____
   _____

2. _____
   _____

3. _____
   _____

I am thankful for...   Date: _____

1. _____

_____

2. _____

_____

3. _____

_____

I am thankful for...   Date: _____

1. _____

_____

2. _____

_____

3. _____

_____

I am thankful for...   Date: _____

1. _____

_____

2. _____

_____

3. _____

_____

I am thankful for...   Date: _____

1. _____

_____

2. _____

_____

3. _____

_____

The highlights of my week were:

Hope has a good memory, gratitude a bad one.

- BALTASAR GRACIAN

I am thankful for...   Date: _____

1. _____

_____

2. _____

_____

3. _____

_____

I am thankful for...   Date: _____

1. _____

_____

2. _____

_____

3. _____

_____

I am thankful for...   Date: _____

1. _____

_____

2. _____

_____

3. _____

_____

I am thankful for...   Date: _____

1. _____

_____

2. _____

_____

3. _____

_____

I am thankful for...   Date: _____

1. _____

_____

2. _____

_____

3. _____

_____

I am thankful for...   Date: _____

1. _____

_____

2. _____

_____

3. _____

_____

I am thankful for...   Date: _____

1. _____

_____

2. _____

_____

3. _____

_____

The highlights of my week were:

Humor is mankind's greatest blessing.

- MARK TWAIN

I am thankful for...   Date: _____

1. _____

_____

2. _____

_____

3. _____

_____

I am thankful for...   Date: _____

1. _____

_____

2. _____

_____

3. _____

_____

I am thankful for...   Date: _____

1. _____

_____

2. _____

_____

3. _____

_____

I am thankful for...   Date: _____

1. _____

_____

2. _____

_____

3. _____

_____

I am thankful for...   Date: _____

1. _____

_____

2. _____

_____

3. _____

_____

I am thankful for...   Date: _____

1. _____

_____

2. _____

_____

3. _____

_____

I am thankful for...   Date: _____

1. _____

_____

2. _____

_____

3. _____

_____

The highlights of my week were:

May the gratitude in my heart kiss all the universe.

- HAFIZ

I am thankful for...   Date: _____
1. _____
   _____
2. _____
   _____
3. _____
   _____

I am thankful for...   Date: _____
1. _____
   _____
2. _____
   _____
3. _____
   _____

I am thankful for...   Date: _____
1. _____
   _____
2. _____
   _____
3. _____
   _____

I am thankful for...   Date: _____
1. _____
   _____
2. _____
   _____
3. _____
   _____

I am thankful for...   Date: _____
1. _____
   _____
2. _____
   _____
3. _____
   _____

I am thankful for...   Date: _____
1. _____
   _____
2. _____
   _____
3. _____
   _____

I am thankful for...   Date: _____
1. _____
   _____
2. _____
   _____
3. _____
   _____

The highlights of my week were:

May you awak with gratitude.
- ANON

I am thankful for...   Date: _____
1. _____
_____
2. _____
_____
3. _____
_____

I am thankful for...   Date: _____
1. _____
_____
2. _____
_____
3. _____
_____

I am thankful for...   Date: _____
1. _____
_____
2. _____
_____
3. _____
_____

I am thankful for...   Date: _____
1. _____
_____
2. _____
_____
3. _____
_____

I am thankful for...   Date: _____
1. _____
_____
2. _____
_____
3. _____
_____

I am thankful for...   Date: _____
1. _____
_____
2. _____
_____
3. _____
_____

I am thankful for...   Date: _____
1. _____
_____
2. _____
_____
3. _____
_____

The highlights of my week were:

May day begins and ends with gratitude.

— LOUISE HAY

I am thankful for...   Date: _____

1. _____

_____

2. _____

_____

3. _____

_____

I am thankful for...   Date: _____

1. _____

_____

2. _____

_____

3. _____

_____

I am thankful for...   Date: _____

1. _____

_____

2. _____

_____

3. _____

_____

I am thankful for...   Date: _____

1. _____

_____

2. _____

_____

3. _____

_____

I am thankful for...   Date: _____

1. _____

_____

2. _____

_____

3. _____

_____

I am thankful for...   Date: _____

1. _____

_____

2. _____

_____

3. _____

_____

I am thankful for...   Date: _____

1. _____

_____

2. _____

_____

3. _____

_____

The highlights of my week were:

The essence of all beautiful art is gratitude.

- FREDRICH NIETZCHE

I am thankful for...   Date: _____

1. _____

_____

2. _____

_____

3. _____

_____

I am thankful for...   Date: _____

1. _____

_____

2. _____

_____

3. _____

_____

I am thankful for...   Date: _____

1. _____

_____

2. _____

_____

3. _____

_____

I am thankful for...   Date: _____

1. _____
_____

2. _____
_____

3. _____
_____

I am thankful for...   Date: _____

1. _____
_____

2. _____
_____

3. _____
_____

I am thankful for...   Date: _____

1. _____
_____

2. _____
_____

3. _____
_____

I am thankful for...   Date: _____

1. _____
_____

2. _____
_____

3. _____
_____

The highlights of my week were:

The more grateful I am, the more beauty I see.

- MARY DAVIS

I am thankful for...   Date: _____

1. _____

_____

2. _____

_____

3. _____

_____

I am thankful for...   Date: _____

1. _____

_____

2. _____

_____

3. _____

_____

I am thankful for...   Date: _____

1. _____

_____

2. _____

_____

3. _____

_____

I am thankful for...   Date: _____
1. _____
_____
2. _____
_____
3. _____
_____

I am thankful for...   Date: _____
1. _____
_____
2. _____
_____
3. _____
_____

I am thankful for...   Date: _____
1. _____
_____
2. _____
_____
3. _____
_____

I am thankful for...   Date: _____
1. _____
_____
2. _____
_____
3. _____
_____

The highlights of my week were:

The root of joy is gratefulness.

- DAVID STEINDL-RAST

I am thankful for...   Date: _____

1. _____

_____

2. _____

_____

3. _____

_____

I am thankful for...   Date: _____

1. _____

_____

2. _____

_____

3. _____

_____

I am thankful for...   Date: _____

1. _____

_____

2. _____

_____

3. _____

_____

I am thankful for...   Date: _____
1. _____
_____
2. _____
_____
3. _____
_____

I am thankful for...   Date: _____
1. _____
_____
2. _____
_____
3. _____
_____

I am thankful for...   Date: _____
1. _____
_____
2. _____
_____
3. _____
_____

I am thankful for...   Date: _____
1. _____
_____
2. _____
_____
3. _____
_____

The highlights of my week were:

The struggle ends when gratitude begins.

- NEALE DONALD WALSCH

I am thankful for...   Date: _____

1. _____
_____
2. _____
_____
3. _____
_____

I am thankful for...   Date: _____

1. _____
_____
2. _____
_____
3. _____
_____

I am thankful for...   Date: _____

1. _____
_____
2. _____
_____
3. _____
_____

I am thankful for...   Date: _____
1. _____

_____

2. _____

_____

3. _____

_____

I am thankful for...   Date: _____
1. _____

_____

2. _____

_____

3. _____

_____

I am thankful for...   Date: _____
1. _____

_____

2. _____

_____

3. _____

_____

I am thankful for...   Date: _____
1. _____

_____

2. _____

_____

3. _____

_____

The highlights of my week were:

Things must be felt with the heart.

- HELEN KELLER

I am thankful for...   Date: _____

1. _____

_____

2. _____

_____

3. _____

_____

I am thankful for...   Date: _____

1. _____

_____

2. _____

_____

3. _____

_____

I am thankful for...   Date: _____

1. _____

_____

2. _____

_____

3. _____

_____

I am thankful for...   Date: _____

1. _____

_____

2. _____

_____

3. _____

_____

I am thankful for...   Date: _____

1. _____

_____

2. _____

_____

3. _____

_____

I am thankful for...   Date: _____

1. _____

_____

2. _____

_____

3. _____

_____

I am thankful for...   Date: _____

1. _____

_____

2. _____

_____

3. _____

_____

The highlights of my week were:

Through the eyes of gratitude,
everything is a miracle.

- MARY DAVIS

I am thankful for...   Date: _____

1. _____

_____

2. _____

_____

3. _____

_____

I am thankful for...   Date: _____

1. _____

_____

2. _____

_____

3. _____

_____

I am thankful for...   Date: _____

1. _____

_____

2. _____

_____

3. _____

_____

I am thankful for...   Date: _____
1. _____

_____

2. _____

_____

3. _____

_____

I am thankful for...   Date: _____
1. _____

_____

2. _____

_____

3. _____

_____

I am thankful for...   Date: _____
1. _____

_____

2. _____

_____

3. _____

_____

I am thankful for...   Date: _____
1. _____

_____

2. _____

_____

3. _____

_____

The highlights of my week were:

What are you grateful for today?

- ANON

I am thankful for...   Date: _____

1. _____

_____

2. _____

_____

3. _____

_____

I am thankful for...   Date: _____

1. _____

_____

2. _____

_____

3. _____

_____

I am thankful for...   Date: _____

1. _____

_____

2. _____

_____

3. _____

_____

I am thankful for...   Date: _____
1. _____
_____
2. _____
_____
3. _____
_____

I am thankful for...   Date: _____
1. _____
_____
2. _____
_____
3. _____
_____

I am thankful for...   Date: _____
1. _____
_____
2. _____
_____
3. _____
_____

I am thankful for...   Date: _____
1. _____
_____
2. _____
_____
3. _____
_____

The highlights of my week were:

The way to develop the best in a person is by appreciation and encouragement.

- CHARLES SCHWAB

I am thankful for...   Date: _____

1. _____

_____

2. _____

_____

3. _____

_____

I am thankful for...   Date: _____

1. _____

_____

2. _____

_____

3. _____

_____

I am thankful for...   Date: _____

1. _____

_____

2. _____

_____

3. _____

_____

I am thankful for...   Date: _____
1. _____
   _____
2. _____
   _____
3. _____
   _____

I am thankful for...   Date: _____
1. _____
   _____
2. _____
   _____
3. _____
   _____

I am thankful for...   Date: _____
1. _____
   _____
2. _____
   _____
3. _____
   _____

I am thankful for...   Date: _____
1. _____
   _____
2. _____
   _____
3. _____
   _____

The highlights of my week were:

Enjoy the little things, one day you may look back and realize they were the big things. - ROBERT BRAULT

I am thankful for...   Date: _____

1. _____

_____

2. _____

_____

3. _____

_____

I am thankful for...   Date: _____

1. _____

_____

2. _____

_____

3. _____

_____

I am thankful for...   Date: _____

1. _____

_____

2. _____

_____

3. _____

_____

I am thankful for...   Date: _____

1. _____

_____

2. _____

_____

3. _____

_____

I am thankful for...   Date: _____

1. _____

_____

2. _____

_____

3. _____

_____

I am thankful for...   Date: _____

1. _____

_____

2. _____

_____

3. _____

_____

I am thankful for...   Date: _____

1. _____

_____

2. _____

_____

3. _____

_____

The highlights of my week were:

The roots of all goodness lie in the soil of appreciation for goodness.

- DALAI LAMA

I am thankful for...   Date: _____

1. _____

_____

2. _____

_____

3. _____

_____

I am thankful for...   Date: _____

1. _____

_____

2. _____

_____

3. _____

_____

I am thankful for...   Date: _____

1. _____

_____

2. _____

_____

3. _____

_____

I am thankful for...   Date: _____

1. _____

_____

2. _____

_____

3. _____

_____

I am thankful for...   Date: _____

1. _____

_____

2. _____

_____

3. _____

_____

I am thankful for...   Date: _____

1. _____

_____

2. _____

_____

3. _____

_____

I am thankful for...   Date: _____

1. _____

_____

2. _____

_____

3. _____

_____

The highlights of my week were:

Gratitude will shift you to a higher frequency, and you will attract much better things. - RHONDA BYRNE

I am thankful for...   Date: _____

1. _____

_____

2. _____

_____

3. _____

_____

I am thankful for...   Date: _____

1. _____

_____

2. _____

_____

3. _____

_____

I am thankful for...   Date: _____

1. _____

_____

2. _____

_____

3. _____

_____

I am thankful for...   Date: _____
1. _____
_____
2. _____
_____
3. _____
_____

I am thankful for...   Date: _____
1. _____
_____
2. _____
_____
3. _____
_____

I am thankful for...   Date: _____
1. _____
_____
2. _____
_____
3. _____
_____

I am thankful for...   Date: _____
1. _____
_____
2. _____
_____
3. _____
_____

The highlights of my week were:

There are always flowers for those who want to see them.

- HENRI MATISSE

I am thankful for...   Date: _____

1. _____

_____

2. _____

_____

3. _____

_____

I am thankful for...   Date: _____

1. _____

_____

2. _____

_____

3. _____

_____

I am thankful for...   Date: _____

1. _____

_____

2. _____

_____

3. _____

_____

I am thankful for...   Date: _____
1. _____

_____
2. _____

_____
3. _____

_____

I am thankful for...   Date: _____
1. _____

_____
2. _____

_____
3. _____

_____

I am thankful for...   Date: _____
1. _____

_____
2. _____

_____
3. _____

_____

I am thankful for...   Date: _____
1. _____

_____
2. _____

_____
3. _____

_____

The highlights of my week were:

There is always something to be grateful for.

- ANON

I am thankful for...   Date: _____

1. _____

_____

2. _____

_____

3. _____

_____

I am thankful for...   Date: _____

1. _____

_____

2. _____

_____

3. _____

_____

I am thankful for...   Date: _____

1. _____

_____

2. _____

_____

3. _____

_____

I am thankful for...   Date: _____

1. _____

_____

2. _____

_____

3. _____

_____

I am thankful for...   Date: _____

1. _____

_____

2. _____

_____

3. _____

_____

I am thankful for...   Date: _____

1. _____

_____

2. _____

_____

3. _____

_____

I am thankful for...   Date: _____

1. _____

_____

2. _____

_____

3. _____

_____

The highlights of my week were:

We can complain because rose bushes have thorns, or rejoice because thorns have roses. - ALPHONSE KARR

I am thankful for...   Date: _____

1. _____
_____
2. _____
_____
3. _____
_____

I am thankful for...   Date: _____

1. _____
_____
2. _____
_____
3. _____
_____

I am thankful for...   Date: _____

1. _____
_____
2. _____
_____
3. _____
_____

I am thankful for...   Date: _____
1. _____
_____
2. _____
_____
3. _____
_____

I am thankful for...   Date: _____
1. _____
_____
2. _____
_____
3. _____
_____

I am thankful for...   Date: _____
1. _____
_____
2. _____
_____
3. _____
_____

I am thankful for...   Date: _____
1. _____
_____
2. _____
_____
3. _____
_____

The highlights of my week were:

A sense of blessedness comes from a change of heart, not from more blessings. - MASON COOLEY

I am thankful for...   Date: _____
1. _____
_____
2. _____
_____
3. _____
_____

I am thankful for...   Date: _____
1. _____
_____
2. _____
_____
3. _____
_____

I am thankful for...   Date: _____
1. _____
_____
2. _____
_____
3. _____
_____

I am thankful for...   Date: _____

1. _____

_____

2. _____

_____

3. _____

_____

I am thankful for...   Date: _____

1. _____

_____

2. _____

_____

3. _____

_____

I am thankful for...   Date: _____

1. _____

_____

2. _____

_____

3. _____

_____

I am thankful for...   Date: _____

1. _____

_____

2. _____

_____

3. _____

_____

The highlights of my week were:

This is a wonderful day. I've never seen this one before.

- MAYA ANGELOU

I am thankful for...   Date: _____

1. _____

_____

2. _____

_____

3. _____

_____

I am thankful for...   Date: _____

1. _____

_____

2. _____

_____

3. _____

_____

I am thankful for...   Date: _____

1. _____

_____

2. _____

_____

3. _____

_____

I am thankful for...   Date: _____

1. _____

_____

2. _____

_____

3. _____

_____

I am thankful for...   Date: _____

1. _____

_____

2. _____

_____

3. _____

_____

I am thankful for...   Date: _____

1. _____

_____

2. _____

_____

3. _____

_____

I am thankful for...   Date: _____

1. _____

_____

2. _____

_____

3. _____

_____

The highlights of my week were:

We often take for granted the very things that most deserve our gratitude.

- CYNTHIA OZICK

I am thankful for...   Date: _____

1. _____

_____

2. _____

_____

3. _____

_____

I am thankful for...   Date: _____

1. _____

_____

2. _____

_____

3. _____

_____

I am thankful for...   Date: _____

1. _____

_____

2. _____

_____

3. _____

_____

I am thankful for...   Date: _____
1. _____
   _____
2. _____
   _____
3. _____
   _____

I am thankful for...   Date: _____
1. _____
   _____
2. _____
   _____
3. _____
   _____

I am thankful for...   Date: _____
1. _____
   _____
2. _____
   _____
3. _____
   _____

I am thankful for...   Date: _____
1. _____
   _____
2. _____
   _____
3. _____
   _____

The highlights of my week were:

May the work of your hands be a sign of gratitude and reverence to the human condition. - MAHATMA GANDHI

I am thankful for...   Date: _____

1. _____

_____

2. _____

_____

3. _____

_____

I am thankful for...   Date: _____

1. _____

_____

2. _____

_____

3. _____

_____

I am thankful for...   Date: _____

1. _____

_____

2. _____

_____

3. _____

_____

I am thankful for...   Date: _____

1. _____

_____

2. _____

_____

3. _____

_____

I am thankful for...   Date: _____

1. _____

_____

2. _____

_____

3. _____

_____

I am thankful for...   Date: _____

1. _____

_____

2. _____

_____

3. _____

_____

I am thankful for...   Date: _____

1. _____

_____

2. _____

_____

3. _____

_____

The highlights of my week were:

We must never forget the importance of gratitude.

\- ANON

I am thankful for...   Date: _____

1. _____

_____

2. _____

_____

3. _____

_____

I am thankful for...   Date: _____

1. _____

_____

2. _____

_____

3. _____

_____

I am thankful for...   Date: _____

1. _____

_____

2. _____

_____

3. _____

_____

I am thankful for...   Date: _____
1. _____

_____
2. _____

_____
3. _____

_____

I am thankful for...   Date: _____
1. _____

_____
2. _____

_____
3. _____

_____

I am thankful for...   Date: _____
1. _____

_____
2. _____

_____
3. _____

_____

I am thankful for...   Date: _____
1. _____

_____
2. _____

_____
3. _____

_____

The highlights of my week were:

> ## When a person doesn't have gratitude, something is missing in their humanity.
> - ELIE WIESEL

I am thankful for...   Date: _____

1. _____
_____
2. _____
_____
3. _____
_____

I am thankful for...   Date: _____

1. _____
_____
2. _____
_____
3. _____
_____

I am thankful for...   Date: _____

1. _____
_____
2. _____
_____
3. _____
_____

I am thankful for...   Date: _____
1. _____
_____
2. _____
_____
3. _____
_____

I am thankful for...   Date: _____
1. _____
_____
2. _____
_____
3. _____
_____

I am thankful for...   Date: _____
1. _____
_____
2. _____
_____
3. _____
_____

I am thankful for...   Date: _____
1. _____
_____
2. _____
_____
3. _____
_____

The highlights of my week were:

The best way to pay for a lovely moment is to enjoy it.

- RICHARD BACH

I am thankful for...   Date: _____

1. _____
_____
2. _____
_____
3. _____
_____

I am thankful for...   Date: _____

1. _____
_____
2. _____
_____
3. _____
_____

I am thankful for...   Date: _____

1. _____
_____
2. _____
_____
3. _____
_____

I am thankful for...   Date: _____
1. _____
_____
2. _____
_____
3. _____
_____

I am thankful for...   Date: _____
1. _____
_____
2. _____
_____
3. _____
_____

I am thankful for...   Date: _____
1. _____
_____
2. _____
_____
3. _____
_____

I am thankful for...   Date: _____
1. _____
_____
2. _____
_____
3. _____
_____

The highlights of my week were:

When you are grateful, fear disappears and abundance appears.

- TONY ROBBINS

I am thankful for...   Date: _____

1. _____
   _____
2. _____
   _____
3. _____
   _____

I am thankful for...   Date: _____

1. _____
   _____
2. _____
   _____
3. _____
   _____

I am thankful for...   Date: _____

1. _____
   _____
2. _____
   _____
3. _____
   _____

I am thankful for...   Date: _____
1. _____
_____
2. _____
_____
3. _____
_____

I am thankful for...   Date: _____
1. _____
_____
2. _____
_____
3. _____
_____

I am thankful for...   Date: _____
1. _____
_____
2. _____
_____
3. _____
_____

I am thankful for...   Date: _____
1. _____
_____
2. _____
_____
3. _____
_____

The highlights of my week were:

Stop now. Enjoy the moment.
It's now or never.

- MAXIME LAGACE

I am thankful for...   Date: _____

1. _____

_____

2. _____

_____

3. _____

_____

I am thankful for...   Date: _____

1. _____

_____

2. _____

_____

3. _____

_____

I am thankful for...   Date: _____

1. _____

_____

2. _____

_____

3. _____

_____

I am thankful for...   Date: _____

1. _____

_____

2. _____

_____

3. _____

_____

I am thankful for...   Date: _____

1. _____

_____

2. _____

_____

3. _____

_____

I am thankful for...   Date: _____

1. _____

_____

2. _____

_____

3. _____

_____

I am thankful for...   Date: _____

1. _____

_____

2. _____

_____

3. _____

_____

The highlights of my week were:

There is so much to be grateful for, just open your eyes.

- ANON

I am thankful for...   Date: _____

1. _____

_____

2. _____

_____

3. _____

_____

I am thankful for...   Date: _____

1. _____

_____

2. _____

_____

3. _____

_____

I am thankful for...   Date: _____

1. _____

_____

2. _____

_____

3. _____

_____

I am thankful for...   Date: _____
1. _____
_____
2. _____
_____
3. _____
_____

I am thankful for...   Date: _____
1. _____
_____
2. _____
_____
3. _____
_____

I am thankful for...   Date: _____
1. _____
_____
2. _____
_____
3. _____
_____

I am thankful for...   Date: _____
1. _____
_____
2. _____
_____
3. _____
_____

The highlights of my week were:

There is a calmness to a life lived in gratitude, a quiet joy.

- RALPH H BLUM

I am thankful for...   Date: _____

1. _____

_____

2. _____

_____

3. _____

_____

I am thankful for...   Date: _____

1. _____

_____

2. _____

_____

3. _____

_____

I am thankful for...   Date: _____

1. _____

_____

2. _____

_____

3. _____

_____

I am thankful for...   Date: _____

1. _____
_____
2. _____
_____
3. _____
_____

I am thankful for...   Date: _____

1. _____
_____
2. _____
_____
3. _____
_____

I am thankful for...   Date: _____

1. _____
_____
2. _____
_____
3. _____
_____

I am thankful for...   Date: _____

1. _____
_____
2. _____
_____
3. _____
_____

The highlights of my week were:

Made in the USA
Middletown, DE
07 July 2023

34677232R00060